MONTESQUIEU

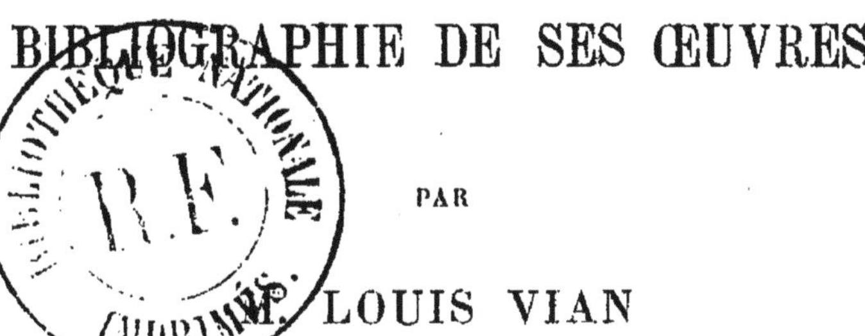

BIBLIOGRAPHIE DE SES ŒUVRES

PAR

M. LOUIS VIAN

PARIS
DURAND ET PÉDONE-LAURIEL
RUE CUJAS, 9

1872

MONTESQUIEU

BIBLIOGRAPHIE DE SES ŒUVRES

PAR

M. LOUIS VIAN

PARIS
DURAND ET PÉDONE-LAURIEL
RUE CUJAS, 9

1872

PRÉFACE

Je ne connais pas d'écrivain dont la vie et les ouvrages aient été plus négligés que ceux de Montesquieu.

La quantité surtout d'erreurs commises à l'occasion de ses livres est inouïe. Par exemple, le seul annotateur des *Lettres Persanes*, Collin de Plancy (1), traduit « la B. et la C. des I. » par « la Bulle et la Constitution des Jésuites, » lorsqu'il s'agit de « la Banque et de la Compagnie des Indes. » Bien plus, il trouve « un recueil de pièces des J. F. » c'est-à-dire des « Jeux Floraux, » et il y voit encore des « Jésuites Français. »

Brunet, dans le *Manuel du Libraire* (2),

(1) 1825. Paris, Laisné, 1 vol. in-12, lettre CXLIII.

(2) 1860-1865. Paris, Didot, 7 vol. in-8.

prête à l'édition princeps de *l'Esprit des Lois* un titre en cinq mots, tandis qu'il en a quarante-neuf. Il dit qu'elle parut en même temps en 1 volume in-4 et en 3 volumes in-12 : or elle était uniquement en 2 volumes in-4. Il ajoute qu'elle fut publiée par J.-J. Vernet, quand ce pasteur genevois s'appelait Jacob. Enfin il prétend qu'elle était accompagnée d'une carte géographique, ce qui est inexact.

Le commentateur de Montesquieu, dans la collection des classiques français de Lefèvre, qui se vante d'avoir collationné toutes les leçons de son auteur, dit que le premier texte des *Considérations sur la grandeur des Romains* approuve le suicide et que le dernier semble le blâmer (ce qui a été admis par tous ses successeurs), quoique la moindre vérification prouve absolument le contraire.

De telles fautes, j'en passe et de pires, font désirer une édition sérieuse ; mais elle exigerait bien des soins.

Je m'y prépare depuis longtemps par des recherches sur la vie de Montesquieu et par une confrontation minutieuse des leçons originales.

Mon hésitation à imprimer vient justement

de l'étendue de l'entreprise et de l'insuffisance de mes matériaux.

Certes je possède ou je connais beaucoup de textes de Montesquieu ; mais certains catalogues en mentionnent que je n'ai pas vus, et malgré le nombre de livres ou de manuscrits spéciaux à mon sujet qui ont passé ou sont restés sous mes yeux, quelques-uns m'ont encore échappé.

Voici toutefois la partie bibliographique de mon travail.

Je supplie le public savant de vouloir bien m'indiquer les ouvrages qui manquent à cette liste, car elle ne sera complète que s'il y met la main lui-même.

Ce fascicule devrait sans doute se terminer par la liste des divers éloges, critiques, monographies, bibliographies et autres livres à consulter sur Montesquieu et ses ouvrages. Les amateurs qui suivent la même carrière que moi comprendront par quel sentiment je n'ouvre pas encore mon portefeuille ; je répondrai aux lecteurs ordinaires par un mot de Montesquieu lui-même : « Qui pourrait tout dire sans un mortel ennui ? »

MONTESQUIEU

BIBLIOGRAPHIE DE SES ŒUVRES

I

Lettres Persanes.

1721. Amsterdam, Brunel, 2 vol. in-12.
— 1721. Amsterdam, Brunel, 2 vol. in-18.

Il m'est impossible de distinguer laquelle de ces éditions parut la première; cependant l'une d'elles est l'originale, et non point celles qui suivent sous la même date, mais imprimées à Cologne; car nous savons que ce fut en Hollande que fut porté le manuscrit.

— DANS LE GOUT DE L'ESPION DANS LES COURS. 1721. Amsterdam, 2 vol. in-12.
— 1721. Cologne, P. Marteau, 2 vol. in-12.
— 2e ÉDITION, REVUE, CORRIGÉE, DIMINUÉE ET

AUGMENTÉE PAR L'AUTEUR. 1721. Cologne, P. Marteau, 2 vol. in-18.

Edition rarissime, sans doute celle qui a été expurgée pour le cardinal de Fleury. *Ex libris.*

— 1729. Cologne, P. Marteau, 2 vol. in-12.

— DANS LE GOUT DE L'ESPION DANS LES COURS. 1730. Amsterdam, 2 vol. in-12.

— 3e ÉDITION. 1730. Amsterdam, J. Desbordes, 2 vol. in-12.

— 1730. Cologne, P. Marteau, 2 vol. in-12.

— 1731. Cologne, P. Marteau, 2 vol. in-12.

Le 2e vol. est suivi des *Lettres d'une Turque... pour servir de supplément aux Lettres Persanes*, qui ont une pagination différente.

— 1731. Amsterdam, P. Mortier, 2 vol. in-12.

— 1737. Amsterdam, 2 vol. in-12.

— 1739. Cologne, Marteau, 2 vol. in-12.

Avec les LETTRES TURQUES d'une pagination spéciale.

— 5e ÉDITION. 1740. Amsterdam, J. Desbordes, 2 vol. in-18.

— 1744. Cologne, P. Marteau, 2 vol. in-12.

— 1744. Cologne, P. Marteau, 2 vol. in-12.

Edit. augmentée d'un *Supplément aux Lettres Persanes* et des *Lettres Turques.*

— 1748. Cologne, P. Marteau, 2 vol. in-12.

— 1750. Cologne, P. Marteau, 2 vol. in-12.

— NOUVELLE ÉDITION AUGMENTÉE D'UN SOMMAIRE A CHAQUE LETTRE ET D'UNE TABLE. 1752. Cologne, P. Marteau, 2 vol. in-12.

— 1754. Cologne, Marteau, 2 vol. in-12.

— 1754. Cologne, Marteau, 2 vol. in-12.

Avec un SUPPLÉMENT AUX L. P. à la fin du 2e vol.

— 1755. Cologne, Marteau, 2 vol. in-12.

— PAR M. DE M... NOUVELLE ÉDIT., REVUE, CORRIGÉE ET AUGMENTÉE D'UNE TABLE DES SOMMAIRES POUR CHAQUE LETTRE, A QUOI L'ON A AJOUTÉ LE *T. de G.* DU MÊME AUTEUR. 1755. Cologne, 2 vol. in-12.

— 1761. Amsterdam et Paris, Belin, 1 vol. in-12.

— 1765. Amsterdam, 1 vol. in-12.

Edit. augmentée du TEMPLE DE GNIDE.

— 1767. Cologne, P. Marteau, 2 vol. in-12.

— 1769. Londres, Nourse, 1 vol. in-12.

— 1781. Londres, Cazin, 2 vol. in-18.

— 1786. Amsterdam et Paris, Belin, in-12.

— 1795. Paris, Didot, 2 vol. in-18.

— 1803. Paris, Didot, 2 vol. in-12.

— 1805. Paris, Garnery, in-12.

— 1811. Paris, Didot, 2 vol. in-12.

— 1815. Paris, Joly, 2 vol. in-24.

— 1820. Paris, Didot, 3 vol. in-8.

— 1820. Paris, Menard et Desenne, 2 vol. in-18.

— 1821. Paris, Touquet, in-12.

— 1821. Paris, Debure, 2 vol. in-32.

— NOUVELLE ÉDITION ENRICHIE D'UNE CLEF ET DE NOTES DIVERSES PAR M. COLLIN DE PLANCY. 1825. Paris, Laisné, 1 vol. in-12.

— 1828. Paris, Baudouin, in-8°.

— 1828. Paris, Dauthreau, 3 vol. in-32.

Notice par Eug. de Monglave.

— 1829. Paris, Hiard, 2 vol. in-18.

— 1830. Paris, rue des Grès, in-8.
— 1831. Paris, Pourrat, in-8.
— 1832. Paris, Leroy, in-8.
— 1858. Paris, Havard, in-4.
Bibl. pour tous illustrée.
— 1864. Paris, Dubuisson, 2 vol. in-32.
— 1866. Paris, Garnier, in-18.
— 1867. Paris, Biblioth. nat., in-32.
— 1869. Paris, Jouaust, in-8.
Ed. Lacour.

II

Le Temple de Gnide.

1725. Paris, Simart, in-12.

(Avec privilége du roi). Edition originale.

— 1726. La Haye, in-8.

— 1738. Londres (Paris), in-16.

Avec LES AMES RIVALES (par Moncrif).

— 1743. Londres, in-8.

— REVU, CORRIGÉ ET AUGMENTÉ. FRAGMENT D'UN ÉPITHALAME DE L'EMPEREUR JULIEN. 1743. Leyde, in-8.

— 1743. Londres (Paris), in-12.

— NOUVELLE ÉDITION. 1755. Londres, in-8.

— 1760. Londres, in-12.

Avec l'*Essai sur le goût*.

— REVUE, CORRIGÉE ET AUGMENTÉE. S. d. Londres, in-18.

Avec gravures.

— FIGURES GRAVÉES PAR LEMIRE D'APRÈS EISEN; TEXTE GRAVÉ PAR DROUET. 1772. Paris, gr. in-8 et in-4.

— 1794. Paris, Didot, grand in-8.

— 1795. Paris, Didot, in-18.

— An III. Paris, Didot, in-18.

Avec 9 jolies gravures. Edit. suivie d'*Arsace et Isménie.*

— 1796. Paris, Didot, in-4.

Figures en couleurs.

— 1821. Paris, marchands de nouveautés, in-32.

— AVEC PRÉLIMINAIRES PAR M. CHARLES NODIER. 1824. Paris, Pinard, in-f°.

III

Considérations sur les causes de la grandeur des Romains et de leur décadence.

On lit sur le registre de l'Académie française :

« Du lundi 30 août 1734.

« M. de Montesquieu, l'un des Quarante et auteur du livre imprimé depuis peu et lequel a pour titre : *Considérations...*, a présenté à l'Académie un exemplaire de son ouvrage. »

1734. Amsterdam, (Paris), Desbordes, 1 vol. in-12. (avec des cartons pages 17, 121 et 199, et un errata). Edit. originale.

— 1735. Amsterdam (Paris), Desbordes, in-12 (avec privilége du roi à Huart). Cette édition est un deuxième tirage de la première, dont on a observé l'errata.

— NOUVELLE ÉDIT., REVUE, CORRIGÉE ET AUGMENTÉE PAR L'AUTEUR, A LAQUELLE ON A JOINT UN DIALOGUE DE SYLLA ET D'EUCRATE. 1748. Paris, Durand, in-12.

— 1748. Paris, Huart et Moreau, in-12.

— 1751. Edimbourg, Halmilton et Balfour, petit in-8.

— 1755. Paris, Leclerc, in-12.

— 1755. Paris, Guillyn, in-12.

— 1761. Amsterdam, Grasset, in-12.

Avec *le Temple de Gnide* et l'*Essai sur le goût.*

— 1771. Paris, Brocas, in-12.

— 1771. Paris, Guillyn, in-12.

— 1771. Paris, Bailly, in-12.

— 1771. Paris, Savoie, in-12.

— An IV. Dijon, Causse, 2 vol. petit in-8.

— 1802. Paris, Didot, in-12.

— 1810. Reims, Lebatard, in-18.

— 1811. Paris, Didot, in-18.

— 1814. Paris, Didot, in-8.

— 1817. Paris, Caille et Rairer, in-18.

— 1818. Paris, Menard et Desenne, in-18.

— 1819. Paris, Dabo, in-12.

— 1820. Paris, Delalain, in-12.

— 1821. Paris, Touquet, in-12.

— 1822. Paris, Delalain, in-18.

— 1823. Paris, Collin de Plancy, in-18.

— 1824. Paris, Dabo, in-18.

— 1825. Paris, Debure, in-32.

— 1826. Paris, Anselin et Pochard, in-8 et in-32.

— 1827. Paris et Strasbourg, Levrault, in-18.

— 1828. Paris, Baudouin, in-8.

— 1828. Paris, Dufour et Ce, in-18.

— 1829. Paris, Hiard, in-18.

— 1831. Paris, Pourrat, in-8.

— 1835. Paris, Rion, in-32.

— 1835. Montbéliard, Dukheer, in-18.

— 1836. Paris, Treuttel et Wurtz, in-8.

— 1836. Avignon, Chambeau, et Paris, Poilleux, in-18.

— 1836. Paris, Pougin, in-18.

— 1837. Tours, Mame, in-12.

— 1838. Paris, Yonnet, in-18.

— 1841. Paris, Locquin, in-18.

— 1842. Paris, Maumus, in-12.

— 1842. Paris, Didot, in-12.

— 1843. Paris, Delalain, in-12.
Ed. Longueville.

— 1844. Paris, Dezobry, in-12.
Ed. Dezobry.

— 1846. Paris, Lecoffre, in-12.
Ed. Drioux.

— 1847. Paris et Lyon, Périsse, in-18.
Ed. Cruice.

— 1849. Paris, Delalain, in-18.

— 1851. Paris, Delalain, in-18.
Ed. Longueville.

— 1852. Paris, Ducrocq, in-8.

— 1852. Paris, Dezobry, in-18.
Edit. Dezobry.

— 1853. Paris, Hachette, in-18.
Ed. Aubert.

— 1854. Paris, Borrani et Droz, in-18.

— 1855. Paris, Lecoffre, in-12.
Ed. Drioux.
— 1856. Paris et Limoges, Ardant, in-12.
— 1858. Paris, Delalain, in-24.
— 1858. Paris, Ducrocq, in-8.
— 1860. Paris, Hachette, in-12.
Ed. Aubert.
— 1860. Paris, Delalain.
Ed. Longueville.
— 1862. Paris, Hachette, in-12.
Ed. Aubert.
— 1863. Paris, Dubuisson, in-32.
— 1864. Paris, Hachette, in-12.
— 1864. Paris, Dubuisson et Cie, in-32.
— 1865. Paris, Marpon, in-32.
— 1866. Paris, Marpon, in-32.
— 1866. Paris, Delalain, in-18.
— 1867. Paris, Delalain, in-12.
— 1867. Paris, Ducrocq, in-8.
— 1867. Paris, Biblioth. nat., in-32.

IV

De l'Esprit des Lois, *ou du rapport que les lois doivent avoir avec la constitution de chaque gouvernement, mœurs, climat, religion, commerce, etc.* (sic) ; *à quoi l'auteur a ajouté des recherches sur les lois romaines touchant les successions, sur les lois françaises et sur les lois féodales.*

S. d. Genève, Barillot et fils, 2 vol. in-4.

Édition originale dont l'impression a été surveillée par J. Vernet, pasteur suisse. Elle parut à la fin de 1748. La pagination de la préface ne commence qu'au 3e feuillet.

Il existe des cartons : dans le 1er vol., pages 23, 27, 29, 37, 45, 47, 85, 87, 185, 227, 261 ; dans le 2e, pages 268, 274, 428.

Le long titre de cet ouvrage subsista toute la vie de l'auteur.

Nota Bene. Je connais un exemplaire qui a et les cartons et le texte primitif.

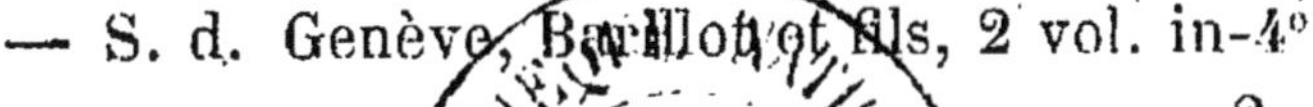

— S. d. Genève, Barillot et fils, 2 vol. in-4°.

2

Cette édition est le second tirage de la première. Elle contient de plus un errata, mais elle n'a pas de carton.

— 1749. Leyde, libraires associés, 2 vol. in-4.

Cette édition contient l'errata de 1748.

— 1749. Londres, 2 vol. in-4.

— NOUVELLE ÉDITION, REVUE ET CORRIGÉE, AVEC DES CHANGEMENTS CONSIDÉRABLES DONNÉS PAR L'AUTEUR. 1749. Genève, Barillot et fils, 3 vol. in-8.

— S. d. Genève, Barillot et fils, 3 vol. in-12. — Cette édition, probablement faite à Paris sous les yeux de l'auteur, est enrichie d'un avertissement, de corrections, d'une table des matières et d'une carte géographique. C'est sans doute celle que Montesquieu appelle, dans une lettre à Grosley, « l'édition la plus exacte, imprimée en 3 vol. in-12, chez Huart, libraire à Paris, rue Saint-Jacques. » 1re édition contenant une carte géographique.

— S. d. Genève, Barillot et fils, 3 vol. in-12.

— NOUVELLE ÉDITION, CORRIGÉE PAR L'AUTEUR ET AUGMENTÉE D'UNE TABLE DES MATIÈRES ET D'UNE CARTE GÉOGRAPHIQUE POUR SERVIR A L'INTELLIGENCE DES ARTICLES QUI CONCERNENT LE COMMERCE. 1749. Genève, Barillot, 2 vol. in-4.

— 1749. Amsterdam, Chatelain, 4 vol. in-12.

— 1750. Edimbourg, Hamilton et Balfour, 2 vol. in-8°.

— 1751. Genève, Barillot et fils, 3 vol. in-12.

DE L'ESPRIT DES LOIS. 1757. Londres (Paris), 4 vol. in-12.

1re édition où le titre fut réduit à sa plus simple expression.

— AVEC DES REMARQUES PHILOSOPHIQUES ET POLITIQUES D'UN ANONYME (Elie Luzac). 1759-1764. Amsterdam, 4 vol. in-12.

— NOUVELLE ÉDITION. 1767-1769. Londres (Paris), 4 vol. in-12.

Enrichi d'un avertissement de Richer, où il critique les remarques d'Elie Luzac et de Crevier.

— 1768. Londres, 4 vol. in-12.

— 1781. Londres (Paris), Cazin, 4 vol. in-18.

— 1803. Paris, Didot, 5 vol. in-18.

— 1805. Paris, Garnery, 4 vol.

— 1819. Paris, Menard et Desenne, 5 vol. in-18.

— 1820. Paris, Didot, 4 vol. in-8°.

— 1821. Paris, Touquet, 2 tomes en 1 vol. in-12.

— 1824. Paris, Dabo, 4 vol. in-12.

— 1824. Paris, Laurent aîné, 4 vol. in-18.

— 1824. Paris, Bechet, Mongie, Ponthieu, 2 vol. in-12.

— 1830. Paris, Houdaille, Corbet, Lecomte, 2 vol. in-8°.

— 1833. Paris, Hiard, 6 vol. in-18.

Avec le notes d'Helvetius.

— 1834. Paris, Roger, 3 vol. in-8.

— 1836. Paris, Treuttel et Wurtz, 3 vol. in-8.

— 1843. Paris, Lavigne, in-18.

— 1844. Paris, Didot, in-12.

— 1868. Paris, Garnier, in-18.

— 1870. Paris, Garnier, in-18.

V

Œuvres diverses.

Projet d'une Histoire physique de la Terre. 1719. Bordeaux.

Réflexions sur la monarchie universelle. S. d. 1727 ? S. n. d'éditeur ni d'imprimeur. In-12 de 44 p.

Sur la Considération. S. d., mais avant 1728.

Discours de réception à l'Académie française. 1728.

— dans le recueil des pièces d'éloquence et de poésie de l'Académie française, 1730. Paris, Coignard, in-12.

— 1760. Londres, in-12.

Dialogue de Sylla et d'Eucrate.

Voir le *Mercure de France* de février de 1745, où ce morceau paraît pour la 1re fois.

Défense de l'Esprit des Lois, A LAQUELLE ON A JOINT QUELQUES ÉCLAIRCISSEMENTS, 1750. Genève, Barillot et fils, in-12.

Lisimaque.

Voir le *Mercure de France*, n° de décembre 1754, où ce morceau paraît pour la 1re fois.

Le Portefeuille de M. de M. 1759. Amsterdam, in-12.
(Temple de Gnide, Essai sur le goût, Sylla et poésies).

Œuvres diverses. 1818. Paris, Ravier, in-18.

— 1820. Paris, Menard et Desenne, 2 vol.-in 18.

Pensées diverses. 1850. Paris, Didot, in-18.

VI

Œuvres posthumes.

Lettres familières du président de Montesquieu, baron de la Brède à divers amis d'Italie, 1767. S. l., in-12.
Ed. donnée par l'abbé de Guasco.

— NOUVELLE ÉDIT., AUGMENTÉE. 1767. Florence et Paris, Vincent et Durand, in-12.
Edit. donnée par Mme Geoffrin.

— 1777, s. l. in-12.
Ed. Guasco.

Discours prononcé à la rentrée du parlement de Bordeaux, en 1725, par M. le président de Montesquieu, 1772. Paris, Legay, in-12.

— 1772. Genève, in-12.

Œuvres posthumes de M. de Montesquieu, 1783. Londres et Paris, Debure, in-12.

Arsace et Isménie, 1783. Debure, in-18.

Arsace et Isménie, histoire orientale, 1783. Paris, Didot, in-24.

— 1784. Amsterdam, in-12.

Lettre de Montesquieu au sujet des critiques de l'Esprit des lois, an IV. Paris, 8 pages in-12.

Œuvres posthumes de Montesquieu, an VI. Paris, Plassan, in-12 et in-8.

Œuvres érotiques de Montesquieu, an VI. Imprimerie de Plassan, grand in-4.

Exemplaire unique.

Œuvres mêlées de Montesquieu, an VI. La Rochelle, Cappon, in-12.

VII

Œuvres complètes.

1757. Londres, Nourse, 4 vol. in-12.

Œuvres de M. de Montesquieu, nouvelle édition, revue, corrigée et considérablement augmentée par l'auteur. 1758, Amsterdam et Liepsick, Arkstée et Merkus (Paris, Pissot), 3 vol. in-4.

Edition publiée par Richer, avocat au parlement, d'après les manuscrits communiqués par la famille et les changements proposés par l'auteur lui-même, et imprimée par Moreau, ancien secrétaire de Montesquieu, célèbre par son érudition, qui corrigea les épreuves.

— *Nouvelle édit. avec des remarques d'un anonyme* (Elie Luzac), 1759-61-64-73. Amsterdam, Arkstée et Merkus, Lausanne, Grasset, 6 vol. in-12.

— 1764. Copenhague et Genève, Philibert, 4 vol. in-12.

— 1764. Amsterdam, Arkstée et Merkus, et Liepzig, 6 vol. in-12.

— 1767. Londres, Nourse (Paris, Pisot.). 3 vol. in-4.

Réimpréssion de l'édition de 1758, avec un avertissement de Richer contre Crevier et Elie Luzac.

— 1769. Londres, 7 vol. in-12.

— 1772. Londres, Nourse, 3 vol. in-8.

— 1777. Genève, 4 vol. in-18.

— 1781. Londres (Paris), Cazin, 8 vol. in-32.

— 1784. Deux-Ponts, Sauton, 8 vol. in-12.

— 1785. Amsterdam, 7 vol. in-12.

— 1788. Paris, Bastien, 5 vol. in-8 et in-4.

— 1790. Deux-Ponts, Sauton, 7 vol. in-12.

— 1795 (an III). Paris, Didot, 12 vol. in-18, vélin.

Avec des notes d'Helvétius sur l'*Esprit des Lois.*

— 1796 (an IV). Paris, Plassan, Bernard et Grégoire, 5 vol. grand in-4.

Avec des pièces inédites, publiées d'après les manuscrits et avec des figures.

— An IV. Paris, Favre et Duchesne, 12 vol. in-32, avec gravures.

— An IV. Paris, Langlois, 5 vol. in-8.

— An IV. Paris, Smith, 5 vol. in-8.

— AVEC LES NOTES D'HELVÉTIUS SUR L'*Esprit des lois*, ET TOUTES LES ŒUVRES POSTHUMES. 1799. Basle, J.Decker, 8 vol. in-8.

— 1803-07. Edition stéréotype, Paris, Didot, 10 vol. in-18.

— 1805. Paris, Garnery, 8 vol. in-12.

— 1814. Paris, Didot, 8 vol. in-8.

— 1816. Paris, Lefèvre, 6 vol. in-8.

Avec notice par Auger.

— 1817. Paris, Belin, 2 vol. in-8.

Avec notice par Depping.

— 1818. Paris, Lefèvre, 5 vol. in-18.

Edition augmentée des NOTES inédites SUR L'ANGLETERRE.

— 1819. Paris, Lequien, 8 vol. in-8.

Edition augmentée de : 1° notice par Voltaire. 2° Id. tirée du DICTIONNAIRE HISTORIQUE. 3° Eloge par Villemain. 4° Id. par d'Alembert. 5° Analyse de l'ESPRIT DES LOIS, par d'Alembert. 6° Id. par Bertolini. 7° Commentaires sur l'ESPRIT DES LOIS, par Voltaire. 8° Obervations sur l'ESPRIT DES LOIS, par Condorcet. 9° Lettres d'Helvetius à Montesquieu, sur l'ESPRIT DES LOIS. 10° Lettre du même sur le même sujet à Saurin, etc.

— 1818-1820. Paris, Ménard et Desenne, 10 vol. in-18.

— 1821. Paris, Touquet, 8 vol. in-12.

— 1822. Paris, Dalibon, 8 vol. in-8.

— 1823. Paris, L. Duprat-Duverger, grand in-8.

Edition donnée par Collin de Plancy.

— 1825-27. Paris, H. Feret, 8 vol. in-8.

— 1826-27. Paris, Lefèvre, 8 vol. in-8.

Edition donnée par Parelle.

— 1827. Paris, Debure, 11 vol. in-32.

— 1827. Paris, Debure, in-8.

— 1829-1834. Paris, Hiard, 10 vol. in-18.

— 1834. Paris, Debure, grand in-8.

Edition donnée par M. Ravenel, qui a augmenté et annoté la correspondance.

— 1834-35. Paris, Pourrat frères, 6 vol. in-8.

— 1834. Paris, Lefèvre, 2 vol. in-8.

— 1835. Paris, Lefèvre, 1 vol, grand in-8.

La notice est de Walkenaer.

— 1839. Paris, Lefèvre, 2 vol. in-12.

— 1855. Paris, Hachette, 2 vol. in-18, édition Lahure.

— 1857. Paris, Didot, gr. in-8.

— 1858. Paris, Hachette, 2 vol. in-18.

— 1862. Paris, Hachette, 2 vol. in-18.

— 1865. Paris, Hachette, 3 vol. in-18.

— 1866. Paris, Hachette, 3 vol. in-18.

— 1870. Paris, Hachette, 3 vol. in-18.

VIII

Œuvres inédites

Dissertation sur le système des idées. 1716.

Dissertation sur la différence des génies. 1717.

Dissertation sur le mouvement relatif et réfutation du mouvement absolu. 1723.

Plusieurs chapitres sur les devoirs de l'homme. 1725.

Mémoire sur la considération et la réputation. Id.

Sur les finances de l'Espagne. 1727.

Mémoire sur les mines d'Allemagne. 1731.

Mémoire sur les intempéries de la campagne de Rome. Id.

Réflexions sur la sobriété des habitants de Rome, comparée à l'intempérance des anciens Romains. 1732.

Discours sur la formation et le progrès des idées. 1734.

Sur la manière d'apprendre ou d'étudier la jurisprudence. S. d.

Discours sur Cicéron. Id.

Pensées sur le bonheur. Id.

Mes Pensées (Extraits et réflexions sur ses lectures). Id.

Suite des Lettres Persanes. Id.

Morceaux qui n'ont pu entrer dans l'Esprit des Lois : *de la Puissance paternelle; des Obligations sur parole; des Successions.* Id.

Observations sur Arrien. Id.

Le Métempsycosiste. Roman. Id.

Notes de voyage. Id.

Correspondance (lettres et réponses).

IX

Œuvres attribuées à Montesquieu.

Voyage à Paphos. FRAGMENT.

Voir le *Mercure de France* de décembre 1727, où ce morceau paraît pour la première fois.

Il est attribué à Montesquieu par la *France littéraire*, dans le supplément de 1778.

— Voir LE CHOIX DE PIÈCES TIRÉES DES ANCIENS MERCURES, par Marmontel et Laplace. 1768. Paris, in-18. Le tome 26e contient un abrégé de ce fragment.

Voyage dans l'île de Paphos. 1747. Florence (Paris), in-12.

Edition complète.

Etrennes de la Saint-Jean. 1742, 1750, 1757. Troyes, Oudot, in-12.

Barbier, DICTIONNAIRE DES ANONYMES, attribue cet ouvrage à la collaboration de plusieurs auteurs, entre autres Montesquieu.

Les Netturales ou la Lycéride, FRAGMENT TRADUIT DU LATIN. 1743. S. l., in-8, 13 pages.

Attribué à Montesquieu par Jamet, sur la foi de l'abbé Lebeuf.

— Voir le *Conservateur*, périodique de Bruix et Turlen (n° de janvier 1757).

— Voir LE NOUVEAU CHOIX DE PIÈCES TIRÉES DES ANCIENS MERCURES. 1762.

— Voir LES CONTES DE MIRABEAU, 1780. Londres.

— Voir LA TRADUCTION DE TIBULLE par Mirabeau (3e vol.) 1796.

Mes Pensées. 1751 et 1752. Francfort et Copenhague, in-12.

Cet ouvrage est de La Beaumelle.

Lettres au chevalier du Bruant.

Un recueil de *lettres de Voltaire à ses amis du Parnasse*, 1766. Genève, in-8, contient sous ce titre trois lettres attribuées par l'éditeur à Montesquieu.

Elles sont en anglais, dans LONDON MAGAZIN, 1777, p. 21 et 531.

Voltaire, dans ses *Mensonges imprimés*, les restitue au cocher de Montesquieu.

Développements historiques sur l'intelligence et le goût, par Ed. Landié, 1813, Paris, in-8.

Histoire morale de l'Eloquence, ou développements, etc., par Ed. Landié, 1814, Paris, in-8.

Ce sont deux éditions du même ouvrage, dont le public n'a pas admis que l'auteur ostensible fût l'auteur réel. Quelques personnes de Bordeaux ont cru y reconnaître un manuscrit de Montesquieu; Renouard et le *Mercure de France* ont prouvé que c'était un travail inédit de Daguesseau.

Lettres de Montesquieu, lues à l'Académie des sciences par M. Chasles, en 1869.

Elles ont été faites par M. Vrain Lucas.

Versailles, imp. E. Aubert

DU MÊME AUTEUR

Montesquieu.— Sa Réception à l'Académie Française, et la deuxième édition des Lettres Persanes. 1869. — Paris, Didier, in-18.

Versailles. — Imp. E. Aubert.

www.ingramcontent.com/pod-product-compliance
Ingram Content Group UK Ltd.
Pitfield, Milton Keynes, MK11 3LW, UK
UKHW020217180726
13838UKWH00005B/2039

9 782329 165813